AF242717

CONSEIL MUNICIPAL DE CONSTANTINE

Séance du 2 Avril 1902

Situation Financière de la Commune de Constantine

RAPPORT

DE

M. MORINAUD

MAIRE, DÉPUTÉ

Messieurs,

Au moment de prendre possession des fonctions de Maire de la Ville de Constantine, fonctions que vous avez bien voulu me confier le 27 janvier 1901, j'ai cru devoir examiner avec vous d'une façon très approfondie la situation financière de la Commune. Cet examen a fait l'objet d'un rapport que j'ai eu l'honneur de vous présenter au cours de la séance du Conseil municipal du 8 février suivant, rapport qui concluait à un déficit de 427.000 francs. L'origine de ce déficit remontait à cinq années; il nous avait été laissé en héritage par la Municipalité de 1892 à 1896, comme l'a démontré le rapport de M. l'Inspecteur des Finances Renaudin.

Je terminais en ces termes :

« Il vous a donc fallu vous mettre en face de la réalité: le « paiement des dettes passées. C'est ce que vous allez « voir faire avec les ressources que vous avez votées, « Et pour le présent.

« Pour l'avenir, nous allons préparer un programme de
« grands travaux qui feront de notre Constantine tout à la
« fois une Ville plus belle, mieux outillée, plus agréable. Pour
« cela nous comptons sur la bonne volonté, le dévouement,
« le concours de tous à cette œuvre dans laqu... le la popu-
« lation toute entière sera, j'en suis sûr, la première à nous
« apporter ses précieux encouragements. »

EXPOSÉ.

Il y a un an de cela. Où en sommes-nous ? Qu'avons-nous
fait pour mettre à exécution les conclusions du rapport que
je viens de vous rappeler ?

Avons-nous, grâce aux mesures que nous avons prises,
amélioré cette situation, et par de sages économies la clôture
de l'exercice 1901 présentera-t-elle un résultat beaucoup plus
satisfaisant que par le passé ?

Depuis cette époque deux inspections des finances ont eu
lieu ; la dernière au mois de Décembre dernier. Le rapport
afférent à celle-ci a été établi par M. l'Inspecteur des Finances Sauvalle à la date du 28 Décembre. Le 23 Janvier
dernier, M. le Préfet de Constantine, en me renvoyant le
budget de l'exercice 1902 approuvé, **n'a pas cru devoir
compléter ses critiques en donnant à la Municipalité communication de ce document.**

Comme il était très important de connaître ce rapport, fait,
autant dans l'intérêt du contrôle de l'Administration que dans
celui du Maire pour sa gestion à venir, j'en ai demandé communication à M. le Préfet à la date du 8 Février dernier par
la lettre suivante :

« A la date du 23 Janvier dernier, sous le n° 811, 2e bureau,
« vous m'avez communiqué les critiques de M. l'Inspecteur
« général des Finances sur la situation financière de la
« Commune de Constantine.

« Pour me permettre de me conformer aux observations
« qui ont été formulées par M. l'Inspecteur des Finances et
« de prendre toutes mesures, pour qu'à l'avenir, mon admi-
« nistrat... suive ses indications, j'ai l'honneur de vous prier
« de vouloir bien m'adresser en communication le rapport de
« ce fonctionnaire. Je m'empresserai de vous le retourner
« dès que j'en aurai pris connaissance. »

A la date du 14 février, M. le Préfet me répondait que,
l'inspection des finances qui venait d'avoir lieu n'ayant eu
pour but que d'éclairer la religion de l'Administratic

rieure sur la situation financière de la Ville de Constantine, ce rapport **n'était d'aucune utilité pour la Municipalité et qu'il ne pouvait donner satisfaction à ma demande.**

Voici d'ailleurs copie de cette lettre :

« Par lettre du 8 février courant, n° C98, vous m'avez prié
« de vous adresser en communication le rapport qui a été
« fait par M. l'Inspecteur des finances sur la situation finan-
« cière de la Commune de Constantine.

« J'ai l'honneur de vous faire remarquer que l'inspection à
« laquelle a procédé M. Sauvalle est une mesure d'ordre
« purement administrative, qui n'a pas eu pour but de vérifier
« la comptabilité de M. le Receveur municipal, mais seulement
« d'éclairer la religion de l'Administration supérieure sur la
« situation financière de la Ville de Constantine.

« Dans ces conditions, le rapport dont il s'agit ne me
« paraît être d'aucune utilité pour la municipalité de Cons-
« tantine et je ne crois pas devoir, dès lors, **DONNER**
« **SATISFACTION A VOTRE DEMANDE.**

« J'ajouterai qu'en vous transmettant le budget primitif
« de 1902, j'ai eu soin de vous faire part des observations
« contenues dans le rapport de M. Sauvalle et de M. Beau-
« coudrey qui pouvaient intéresser le Conseil Municipal. »

En présence de ce refus je fis personnellement une démarche auprès de M. le Préfet qui voulut bien alors me donner communication, mais d'une façon absolument personnelle et confidentielle du rapport de M. l'Inspecteur des finances Sauvalle.

La lettre d'envoi de ce document est datée du 18 février dernier, en voici copie :

« Suivant le désir que vous m'en avez exprimé, j'ai l'hon-
« neur de vous communiquer, ci-joint, à **titre personnel**
« **et confidentiel**, le dernier rapport de M. l'Inspecteur des
« finances, sur la situation financière de votre Commune.

« Il est bien entendu que **sous aucun prétexte**, ce
« document ne **devra être communiqué au**
« **Conseil Municipal** ni faire l'objet d'une discussion
publique.

« Je vous serai obligé de me le retourner aussitôt que vous
« en aurez pris connaissance. »

Mes chers Collègues, en présence des termes de cette lettre, vous comprenez pourquoi, ayant en ma possession le rapport de M. Sauvalle qui est comme vous pourrez vous en rendre compte plus loin, élogieux pour la Municipalité, je n'en ai pas donné communication au Conseil Municipal, malgré les attaques journalières d'une certaine presse.

Entre temps, à la date du 22 février, M. le Préfet me rappelait qu'il m'avait prié de communiquer au Conseil municipal sa lettre du 23 janvier, par laquelle il me transmettait le budget de 1902 et les deux pièces qui y étaient jointes.

Voici copie de sa lettre :

« J'ai l'honneur de vous accuser réception de votre lettre « du 21 février courant, n° 1.020, transmissive du bordereau « des affaires sur lesquelles le Conseil Municipal de Cons- « tantine sera appelé à délibérer, dans sa prochaine réunion « qui aura lieu le 25 février, à 5 heures du soir.

« Je remarque à l'article 12 du dit bordereau l'affaire sui- « vante : Budget de 1902. Crédits modifiés par le Préfet. »

« Je crois devoir à ce sujet vous rappeler qu'en vous trans- « mettant le budget primitif de 1902, je vous ai prié de vouloir « bien donner connaissance à l'Assemblée Municipale de *ma* « *lettre du 23 janvier dernier*, n° 814 et des *deux pièces qui y* « *étaient jointes.* »

***

Dans sa séance du 3 mars dernier, en faisant connaître au Conseil Municipal les modifications apportées par M. le Préfet au budget de 1902, je vous ai demandé si vous vouliez que je vous donne communication de *ces seuls documents* qui m'avaient été transmis par ce haut fonctionnaire, ajoutant que si tel était votre désir satisfaction vous serait immédiatement donnée.

Vous avez décidé, après discussion : 1° de demander à M. le Préfet communication du rapport de M. l'Inspecteur des Finances; 2° de ne prendre connaissance des autres documents que quand ce rapport nous serait parvenu, *estimant que nous ne pouvions accepter communication que d'un dossier absolument complet.*

Avant même que cette délibération lui fut transmise, M. le Préfet m'adressait le rapport en question, en l'accompagnant de la lettre suivante :

« En rentrant de la tournée de révision, j'apprends, par le « compte-rendu des journaux, que dans une de ses dernières « séances, le Conseil Municipal de Constantine a demandé « que le dernier rapport de M. l'Inspecteur des Finances Sau- « valle, sur la situation financière de la Commune, lui fût « communiqué.

« Bien que vous ne m'ayez pas encore adressé le procès- « verbal de cette délibération et dans le but de couper

« **court aux commentaires inexacts** que cette question
« soulève dans la presse, j'ai l'honneur de vous adresser, ci-
« joint, copie du document réclamé.

« Mais je n'en persiste pas moins à penser qu'il eut été pré-
« férable et surtout plus conforme aux traditions administra-
« tives de ne pas livrer à la publicité un travail qui n'était
« destiné qu'à éclairer la religion de l'Administration supé-
« rieure et nullement à servir d'aliment aux polémiques locales.
« Je vous ferai remarquer d'ailleurs, que cette enquête avait
« été ordonnée non à la demande de la Municipalité, mais à
« celle de mon Administration. »

Je ne puis laisser passer, mes chers Collègues, sans la
souligner cette partie de la lettre de M. le Préfet, ainsi conçue :

« ...,........,.. dans le but de couper court aux
« commentaires INEXACTS que cette ques-
« tion soulève dans la presse...... »

On nous rendra cette justice, c'est que les commentaires
inexacts n'ont pu être présentés par nous, car nous ne con-
naissions pas ce rapport. Nous devons seulement retenir la
déclaration de M. le Préfet lui-même qui constate l'inexac-
titude de ces commentaires, *faits par une certaine presse* sur le
rapport de M. l'Inspecteur des finances.

*
* *

Pour procéder par ordre, je vais vous donner communication des premiers documents qui m'ont été adressés par M. le
Préfet, à la date du 23 janvier.

Je vous donnerai ensuite lecture du rapport de M. l'Inspecteur des finances Sauvalle. Vous pourrez ainsi établir une
comparaison qui ne sera pas sans intérêt et remarquer qu'alors
que ce document est élogieux pour la municipalité, l'analyse
qui en a été faite *par l'Administration* concluait dans un sens
diamétralement opposé :

1° DOCUMENTS PRIMITIVEMENT ADRESSÉS
PAR M. LE PRÉFET

Voici d'abord les documents adressés par M. le Préfet à la
date du 23 janvier dernier :

« Avant de procéder au règlement du budget primitif de

« votre Commune pour l'exercice 1902 et afin d'être complé-
« tement éclairé sur la situation financière de la Ville de Cons-
« tantine, j'ai demandé à M. le Gouverneur Général de faire
« procéder à un nouvel examen de cette situation par le Service
« de l'Inspection générale des finances.

« M. le Gouverneur Général vient seulement de me trans-
« mettre les résultats de cette enquête et de me faire part de
« ses observations personnelles. L'époque tardive à laquelle
« j'ai reçu ces documents, dont je vous adresse ci-joint copie,
« est la seule cause du retard apporté par moi au règlement
« de votre budget.

« J'appelle toute votre attention sur les observations conte-
« nues dans ces lettres qui dégagent très nettement la part
« qui revient à la Municipalité de Constantine et celle qui in-
« combe à l'Administration dans les critiques auxquelles
« donne lieu la situation budgétaire de la Commune. Il faut
« maintenant examiner les moyens de remédier aux fautes du
« passé et s'efforcer d'en prévenir le retour. Pour cela l'Ad-
« ministration est prête à faire son devoir; il vous restera,
« ainsi qu'au Conseil municipal, à assumer votre part des
« responsabilités qui vous incombent.

« La situation relevée dans le rapport de M. Beaucoudrey
« peut se résumer dans les deux constatations suivantes :

« 1° La commune de Constantine se trouve à la tête d'un
« déficit considérable provenant de l'arriéré des dépenses
« ordinaires;

« 2° Les mesures prises en 1901 pour atténuer ce déficit n'ont
« pas produit tout le résultat que l'on était en droit d'attendre.

« En effet, si nous nous reportons au moment où a été réglé
« le budget supplémentaire de l'exercice 1900, nous constatons
« un déficit de 485.462,80. Pour des raisons d'ordre et afin
« de mettre la Commune en demeure de prendre les mesures
« indispensables pour liquider ce passif, je l'avais reporté au
« budget primitif de 1901. C'est alors que, dans ce but, le
« Conseil municipal, vota 100 centimes additionnels au prin-
« cipal de la contribution foncière et augmenta dans une forte
« proportion le taux de la taxe locative. Cet accroissement
« des impôts communaux allait produire pour l'année 1901,
« une somme d'environ 201.000 francs qui, dans l'esprit de
« l'Administration et du Conseil municipal, devait être em-
« ployée à couvrir une partie correspondante du déficit cons-
« taté.

« A l'heure actuelle ce déficit devrait donc se trouver
« ramené à environ 285.000 francs.

« Or, comme le fait observer M. l'inspecteur général des

« Finances, bien qu'à cette époque de l'année il soit à peu près
« impossible de dresser avec une absolue précision, le bilan
« de la Commune et particulièrement d'établir son passif, il
« n'en est pas moins dès à présent certain que nous nous
« trouvons encore aujourd'hui en présence d'un déficit s'éle-
« vant au minimum à 325.000 fr.

« Une seule explication en est possible : c'est-à-dire que le
« montant des nouveaux impôts n'a pas été consacré exclu-
« sivement à l'extinction des dettes arriérées de la Commune
« et qu'il est venu, au contraire, grossir les revenus ordi-
« naires pour payer des dépenses ordinaires, ces dépenses
« ayant elles-mêmes dépassé les ressources qui leur étaient
« normalement affectées.

« Ce dernier point n'est pas contestable, et M. l'Inspecteur
« des Finances le souligne tout particulièrement ; le grand
« nombre des ouvertures de crédits par autorisations spé-
« ciales au cours de l'année, a détruit l'équilibre budgétaire,
« une somme de 32.000 fr. est venue de ce chef, grever
« le budget ordinaire.

« Je reconnais ici que toutes les responsabilités de cet
« état de choses n'incombent pas uniquement à la Municipalité,
« car si celle-ci a fait preuve d'imprévoyance en engageant
« des dépenses au-delà de ses ressources, *mon administration*
« *de son côté, s'est montrée trop condescendante*, en autori-
« sant de semblables dépenses et en encourageant ainsi des
« pratiques financières déplorables. Aussi, suis-je bien décidé,
« pour l'avenir, à exercer comme l'on m'y invite, d'une
« façon rigoureuse et effective, la tutelle administrative qui
« m'incombe.

« Dans ce but, pour éviter le retour de pareils faits, il im-
« porte de prendre, dès aujourd'hui, les mesures les plus
« sérieuses.

« Le budget de 1902 comporte en réalité, deux opérations ;
« d'une part, il est fait face aux dépenses ordinaires néces-
« saires à la marche régulière des services, avec les recettes
« ordinaires du budget ; d'autre part, les ressources extraor-
« dinaires provenant des 100 centimes additionnels à la taxe
« foncière et de la majoration de la taxe locative doivent
« concourir à couvrir une partie du déficit du budget addi-
« tionnel de 1900.

« Ces deux opérations devront rester constamment bien
« distinctes.

« En conséquence, le produit des centimes devra être
« affecté intégralement au paiement du déficit affectation, ren-
« due d'ailleurs obligatoire par le décret du 6 juin 1901, qui
« en a autorisé la perception,

« Sur ce point, j'appelle l'attention de M. le Directeur des
« Contributions Diverses, afin qu'il donne des instructions en
« conséquence au Receveur municipal et je vous prie de
« veiller à ce qu'elles soient rigoureusement appliquées.

« En outre bien que le produit de l'augmentation du taux de
« la taxe locative n'ait pas d'affectation spéciale à proprement
« parler, mais, comme le Conseil Municipal l'a formellement
« décidé dans la délibération en votant le principe, j'estime
« qu'il convient également d'employer une somme au moins
« égale à celle qu'il fournira à l'extinction du déficit. C'est
« seulement en observant scrupuleusement cette règle que
« la Commune pourra prévoir l'époque à laquelle elle aura
« liquidé son passif.

« Enfin, *la plus stricte économie* devra être apportée dans
« la gestion des ressources ordinaires de la Commune, afin
« que les exercices futurs n'ajoutent pas, à leur tour, une
« perte dans le passif communal déjà si lourd.

« C'est en m'inspirant de ces idées que j'ai réglé le budget
« de 1902 et réduit un certain nombre de dépenses y figurant
« qui ne présentaient aucun caractère de nécessité ni d'ur-
« gence.

« Mais vous comprendrez, M. le Maire, que cette règle que
« je viens de vous tracer ne produirait aucun effet pratique si
« par des demandes d'ouvertures de crédits produites après
« l'approbation du budget, vous veniez me solliciter d'en rom-
« pre à nouveau l'équilibre si péniblement établi. Je me ver-
« rais en conséquence, dans l'obligation de rejeter toute requê-
« te de cette nature qui ne serait pas justifiée par un besoin
« urgent et imprévu. J'ajoute qu'aucun dépassement de crédit,
« qu'aucune dépense faite sans autorisation, ne seront régula-
« risés par moi et que je suis décidé à laisser les charges
« de cette nature au compte de ceux qui, contrairement aux
« lois et réglements, les auront engagées.

« Dans ces conditions, j'ai ainsi réglé le budget de Cons-
« tantine, pour l'année 1902 :

Recettes.......................... 1,306,321 80

Dépenses.......................... 1.209.304 80

Excédent de Recettes... 187.017 »

« Il est bien entendu que cet excédent de recettes est pure-
« ment fictif, puisque le passif de la Commune ne figure pas
« au budget primitif, tandis qu'y figurent les ressources des-
« tinées à y faire face. Il faut cependant, voir dans ce chiffre
« de 187.017, l'indication minima des recettes qui devront

« être affectées à l'extinction du déficit; car, non seulement
« vous devez employer dans ce but les ressources ci-dessus
« énumérées et que je qualifierai (pour la circonstance) d'ex-
« ceptionnelles, mais encore les économies que vous devez,
« en bonne administration, réaliser sur l'ensemble des dé-
« penses ordinaires du budget communal.

« Il est de toute importance que vous entriez dans la voie
« des *économies sérieuses*, car, ainsi que l'indique, dans son
« rapport, M. l'inspecteur des finances Sauvalle, l'ère des
« difficultés reste pour longtemps ouverte, résultat inévitable
« d'une gestion constamment imprévoyante et de la conclusion
« téméraire d'engagements hors de proportions avec les forces
« contributives de la cité. Je tiendrai la main, ainsi que le
« désire M. le Gouverneur Général, à ce que les intérêts de
« la Commune soient rigoureusement sauvegardés par une
« gestion financière correcte et prudente.

« L'avenir même de la Commune de Constantine est lié à
« cette question. Il ne faut pas oublier, en effet, qu'à côté du
« déficit sur lequel je viens d'appeler votre attention, un autre
« déficit s'annonce, dès maintenant, plus considérable encore
« et auquel vous aurez à faire face dans un délai très rap-
« proché.

« Vous n'ignorez pas en effet que, alors même que les
« remboursements des emprunts aux fonds spéciaux auront
« été effectués, une somme de 375.000 francs, manquera encore
« à la Commune pour tenir ses engagements envers la Société
« du Coudiat Aty que, d'autre part, une somme minima de
« 195.000 francs environ devra, aux termes mêmes du contrat,
« être employée en travaux de voirie pour la même opéra-
« tion, et que la part de la Commune dans les frais de cons-
« truction du pont sur le Rhumel s'élèvera à 100.000 francs.
« Enfin l'achèvement de l'Hôtel de Ville, de votre aveu même,
« entraînera un dépassement d'au moins 250.000 francs sur
« les prévisions premières.

« On peut donc dire qu'en dehors du déficit provenant du
« règlement du budget supplémentaire de 1900, une somme
« de 1.000.000 au bas mot, sera nécessaire pour remettre à
« flot les finances communales de Constantine.

« Cette situation m'a depuis longtemps préoccupé et bien
« qu'il soit contraire à la jurisprudence administrative d'au-
« toriser les communes à contracter des emprunts pour payer
« leurs dettes, j'ai attiré l'attention bienveillante de M. le
« Gouverneur Général sur la situation particulièrement grave
« de vos finances, et j'ai obtenu de ce haut fonctionnaire la
« promesse qu'il examinerait avec intérêt et transmettrait aux
« pouvoirs publics, avec avis favorable, une demande d'em-
« prunt dont le but serait de liquider complètement votre

« passif. Mais, dans le but de ne pas engager l'avenir pour
« une trop longue période, cet emprunt devra être rembour-
« sable *en 30 annuités* (1) et afin de respecter le principe de
« l'égalité entre toutes les classes de contribuables, il devra
« être engagé par des centimes additionnels extraordinaires
« portant à la fois sur la taxe foncière et sur les patentes.

« C'est dans ces conditions, mais à ces conditions seules
« que je suis prêt à appuyer la demande d'emprunt que vous
« me soumettrez et sur laquelle vous voudrez bien appeler
« votre Conseil à délibérer.

« Je vous prie également de lui donner connaissance de
« la présente dépêche. »

LETTRE DE M. LE GOUVERNEUR GÉNÉRAL
A M. LE PRÉFET

« Suivant le désir que vous m'avez exprimé par votre télé-
gramme du 4 Janvier courant, j'ai l'honneur de vous communiquer ci-joint, avec la copie, d'une lettre de M. l'Inspecteur
général des Finances, le rapport de M. Sauvalle, Inspecteur
des Finances, sur la situation financière de la Ville de Constantine.

« J'appelle votre attention sur ce document qui relate la
continuation des pratiques irrégulières déjà signalées précé-
demment, à savoir :

« Majoration des recettes

« Dépassements des crédits inscrits au budget.

« Ouverture de crédits supplémentaires, par décisions
spéciales, sans un souci suffisant des recettes destinées à y
faire face.

------

(1) *Alors que le 23 janvier M. le Préfet m'écrivait qu'il
transmettrait aux pouvoirs publics notre projet d'emprunt avec
avis favorable, mais que cet emprunt serait payable en 30 annuités, la Ville de Bône était autorisée le 28 Janvier à contracter un emprunt remboursable en 40 ans, aux taux de 3.85
et destiné à payer en partie une somme restant due à un en-
trepreneur. Le dossier concernant la Ville de Bône avait donc
été transmis avec avis favorable avec un délai de remboursement fixé à 40 ans, alors que pour la Ville de Constantine,
l'Administration déclarait qu'elle ne pouvait accepter le délai
de 40 ans et qu'elle le fixait à 30 annuités.*

« Je vous serai très obligé de vouloir bien me renvoyer le rapport de M. l'Inspecteur des Finances, dès que vous en aurez fait prendre copie.

« Je vous prie, en même temps, de me faire part des mesures que vous croirez devoir prescrire pour arriver à rétablir, dans un délai aussi rapproché que possible, l'équilibre du budget de la Ville de Constantine. »

LETTRE DE M. L'INSPECTEUR GÉNÉRAL
DES FINANCES A M. LE GOUVERNEUR GÉNÉRAL

« Suivant le désir que vous avez bien voulu m'exprimer, j'ai fait procéder à un nouvel examen de la situation financière de la ville de Constantine, et j'ai l'honneur de vous transmettre le rapport dans lequel il en est rendu compte.

« Ainsi que l'expose mon collaborateur, l'aperçu à cette époque de l'année ne peut être que provisoire. S'il est aisé d'évaluer le rendement des produits communaux, il n'en est pas de même des dépenses ; nombre de mémoires d'entrepreneurs et de fournisseurs ne sont pas encore produits, les dépenses variables sont loin d'être liquidées, le budget de 1902 n'est pas encore réglé ; aussi devons-nous faire nos réserves sur les chiffres auxquels ressortira l'apurement de l'exercice en cours.

« Il n'en est pas moins certain, dès à présent, que les ressources extraordinaires sur lesquelles on comptait pour rétablir l'équilibre budgétaire sont loin d'être suffisantes.

« Le découvert, évalué par M. Sauvalle à 456.834 francs lors de sa première enquête au 31 Mars est porté sur l'arrêté du budget supplémentaire à 464.909.

« Les ressources exceptionnelles à y consacrer ne dépasseront pas 182.365 francs. Sur cette somme on a dû prélever le 31 Juillet 175.000 francs pour restituer l'emprunt fait aux fonds ayant une affectation spéciale ; aussi n'est-il resté que 7.365 fr. pour satisfaire les créanciers anciens dont les titres atteignaient 166.285 francs.

« Des paiements importants n'en ont pas moins été faits sur l'arriéré, mais on n'en saurait conclure à une amélioration de l'état de choses ; ce n'est qu'un trompe l'œil, les sommes nécessaires ont été prélevées sur les ressources de l'exercice courant qui léguera à son tour un déficit à 1902 ; c'est toujours le report à plus tard, des embarras immédiats qui subsistent dans leur entier.

« Pour effectuer ces paiements, la municipalité a dû prélever sur l'exercice courant........................ 76.079 fr.

« Emprunter aux fonds spéciaux............. 106.719

« Et le reste à payer s'élève à.............. 89 112

« En sorte qu'au 31 Mars, la part des exercices écoulés dans le déficit de 1901 sera de........... 271.910

« Mais il reste à y ajouter un nouveau découvert sur l'exercice en cours. Si, en effet, le budget primitif a été réglé avec **entière sincérité**, les crédits supplémentaires et les autorisations spéciales accordées avec une extrême facilité, sans un souci suffisant des recettes pour y faire face, viennent en rompre l'équilibre ; l'excédent des dépenses nouvelles sur ces recettes ne sera pas inférieur à.. 32.219

« D'autre part, les moins values probables sur les recettes de l'octroi de mer et des marchés communaux donneront un mécompte de........ 21.547

325.676

« C'est donc en chiffres ronds un découvert de 325.000 fr. dont l'exercice 1902 aura à supporter le poids.

« Et cette charge n'est pas la seule qui incombe à la Commune avant de retrouver son équilibre budgétaire. Il lui faudra dans un délai prochain verser à la Société du Coudiat le forfait de 1.175.000 fr. pour lequel elle ne dispose que de 800.000 francs, soit une insuffisance de 375.000 fr.

« La construction de l'Hôtel de Ville dépassera, d'après un rapport du Maire, de 250.000 fr. les prévisions premières.

« On peut donc dire que pour se remettre à flot, la Municipalité de Constantine devrait faire état, au bas mot, d'une somme de 1 million.

« Parmi les dettes les plus urgentes figure la créance de l'Hôpital pour 104.000 fr. y compris l'année courante.

« Qu'il me soit permis de rappeler en terminant que l'Inspection des Finances est *appelée pour la troisième fois en trois ans à vérifier la situation de la Ville de Constantine sans qu'il* en résulte de changement appréciable dans les procédés.

« C'est donc du temps passé en pure perte et vous estimerez sans doute, M. le Gouverneur général, que le moment est venu d'inviter la Préfecture à exercer enfin et d'une façon effective la tutelle administrative qui lui incombe. »

Tels sont, mes chers Collègues, les premiers documents qui ont été communiqués à la Municipalité. Ces documents s'appuient sur le rapport de l'Inspecteur des Finances à qui ils donnent, à notre avis, par des commentaires exagérés, une portée et une signification qu'il n'a pas. La simple lecture de ce rapport le démontrera.

.**.

RAPPORT
DE M. L'INSPECTEUR DES FINANCES

Voici le rapport de M. l'Inspecteur des Finances Sauvalle :

« RAPPORT fait par M. Sauvalle, Inspecteur des Finances concernant la situation Financière de la Ville de Constantine à l'époque du 14 Décembre 1901.

« Dans un rapport en date du 2 mai dernier, nous avons signalé la mauvaise gestion des finances de la Ville de Constantine et le caractère insuffisant ou parfois malhabile de la tutelle exercée par l'autorité préfectorale ; ce rapport concluait à l'existence d'un déficit de 456.831.02, à la clôture de l'exercice 1900, mais indiquait que la Municipalité comme la Préfecture, s'appliquait depuis quelque temps à rétablir la sincérité dans le budget communal et à prendre des mesures en vue de l'apurement du passé.

« L'inquiétude causée par la continuation, au cours de l'année 1901, des embarras financiers de la Ville a déterminé l'Administration supérieure à provoquer une nouvelle enquête. Je ne saurais mieux rappeler ici la question posée par cette nouvelle enquête qu'en citant le rapport adressé le 20 octobre dernier par M. le Préfet de Constantine, à M. le Gouverneur Général :

« *Le budget 1901 comportait, en réalité, deux opérations :*
« *1° Les dépenses ordinaires nécessaires à la marche régulière du*

service pour l'année 1901 et auxquelles, d'après le chiffre proposé par la municipalité, il était possible de faire face avec les recettes ordinaires du budget;

2° Le dit budget contenait des ressources extraordinaires provenant des 100 centimes additionnels votés pour insuffisance de ressources, et de la majoration de la taxe locative, ressources s'élevant en totalité à 201.000 francs environ, et qui devaient concourir jusqu'à ce chiffre à couvrir une partie du déficit du budget additionnel de 1900.

« Or, M. le Maire ne paraît pas pouvoir aujourd'hui, payer les dépenses ordinaires du budget qui comprenait notamment l'amortissement des emprunts et des frais courants d'hospitalisation, puisqu'il reconnaît n'avoir pas les fonds nécessaires pour désintéresser le Crédit Algérien et qu'il résulte de renseignements qui me sont fournis par le Directeur de l'Hospice, que la Commune a suspendu tout paiement à cet établissement, à qui il reste dû actuellement plus de 88.000 francs.

« Et d'autre part, alors que, sur les 175 000 francs, produit des 100 centimes additionnels destinés, avec les 26.000 francs de la taxe locative à payer une partie de ces dettes, la Commune aurait déjà perçu 128.000 francs sur les centimes additionnels seulement, il résulte du rapport (ci-joint) de M. le Contrôleur des Contributions diverses, que les entrepreneurs et fournisseurs n'auraient touché, pendant les neuf premiers mois de l'année courante, qu'une somme de 37.930 fr. (Le chiffre de 37.930 fr. figure effectivement au rapport de M. Zanetti, contrôleur des Contributions Diverses, mais il ne concerne point en réalité, les paiements effectués sur l'arriéré)... Il y a là une situation inextricable qu'il importe au plus haut point d'éclairer...

« Le budget de 1901 comprenait, en effet, outre les recettes normales destinées à l'exécution des dépenses courantes, des recettes exceptionnelles votées en vue de l'apurement d'une partie du déficit; mais **je crois devoir faire observer que les résultats de l'augmentation du tarif de la taxe des loyers avait été prévue, non pour 26.000 francs, mais bien pour 16.000 francs (106.000 en 1901 contre 90.000 en 1900) et que d'ailleurs la portion des recettes affectées réellement à l'extinction du passif, c'est à dire l'excédent des ressources générales sur les charges propres à l'exercice atteignait, non pas 201.000 mais bien 182.36531 seulement (1.408.776 86 en recettes et 1.226.411 55 en dépenses.)**

« CETTE SOMME DE 182.365 31 FORMAIT L'UNIQUE RESSOURCE POUR PARER A UN DÉFICIT que j'ai évalué à 456.834 02 au mois de Mai et que l'arrêté du budget supplémentaire en date du 13 septembre fait ressortir à 464.009 05.

« Comme je l'ai indiqué dans mon précédent rapport et par suite de la composition du déficit (290.548 05 de prélèvement sur les fonds spéciaux, et 166 285 97 de restes nets à payer), cette insuffisance, inévitablement inquiétante, ne pouvait prendre un caractère vraiment grave qu'au cas où devait s'imposer la restitution aux fonds spéciaux des sommes détournées de leur affectation. Or par une mesure de prudence que lui conseillait l'avancement des travaux du Coudiat, LA PRÉFECTURE ESTIMA NÉCESSAIRE D'EXIGER, DÈS LE 31 JUILLET, LE VERSEMENT AUX COMPTES SPÉCIAUX D'UN PRÉLÈVEMENT DE 175.000 FRANCS. CE REVERSEMENT IMMOBILISA PAREILLE SOMME SUR LES RESSOURCES DESTINÉES A COUVRIR LE DÉFICIT, DE TELLE SORTE QU'IL NE RESTA PLUS EN RÉALITÉ QUE 7.365 31 POUR SATISFAIRE LES CRÉANCIERS ARRIÉRÉS DONT LES TITRES ATTEIGNAIENT LA SOMME NETTE DE 166.285 97. COMMENT S'ÉTONNER, DANS DE PAREILLES CONDITIONS, QUE LA VILLE DE CONSTANTINE, SOIT DEMEURÉE AUX PRISES AVEC LES EMBARRAS FINANCIERS ? •

« ENCORE FAUT-IL COMPTER AVEC UN AUTRE ÉLÉMENT DE DIFFICULTÉ ; LES RESSOURCES QUE LES AUTEURS DU BUDGET DE 1901 ONT EU L'INTENTION D'AFFECTER SPÉCIALEMENT A LA LIQUIDATION DU PASSIF, LOIN DE CONSTITUER UNE DISPONIBILITÉ IMMÉDIATE DÈS L'OUVERTURE DE L'EXERCICE N'ONT ÉTÉ ENCAISSÉES QUE PAR FRACTIONS A LA FIN DE CHAQUE TRIMESTRE DANS LA PROPORTION DES RECOUVREMENTS EFFECTUÉS PAR LE SERVICE DES CONTRIBUTIONS DIVERSES ; A L'HEURE ACTUELLE, LE RECEVEUR MUNICIPAL N'A ENCORE REÇU, SUR LES 175.000 PRÉVUS QUE 128.066 70.

« BIEN QUE NE DISPOSANT QUE DE CES 128.066.70, LE COMPTABLE A DU REMBOURSER 175.000 FRANCS, ENVIRON, AU CRÉDIT DES FONDS SPÉCIAUX, IL A EN OUTRE OPÉRÉ DE NOMBREUX PAIEMENTS QUE NOUS INDIQUERONS PLUS LOIN, SUR RESTES DES EXERCICES ANTÉRIEURS, en PARTICULIER au CRÉDIT ALGÉRIEN, DONT LA CRÉANCE ÉTAIT COMPRISE, POUR LA PLUS GRANDE PARTIE DANS L'ARRIÉRÉ, AUSSI BIEN QUE CELLE DE L'HOSPICE DE CONSTANTINE. CONTRAIREMENT A CE QUE SUPPOSE M. LE PRÉFET DANS SA LETTRE PRÉCITÉE ; L'INSUFFISANCE DES RESSOURCES N'A DONC PAS NUI AUTANT QU'ON POURRAIT LE CROIRE, A LA LIQUIDATION DU DÉFICIT. C'est que si la distinction indiquée dans la même lettre entre les opérations propres à l'exercice 1901 et celles relatives au règlement de l'arriéré présente l'avantage de bien préciser l'origine des embarras actuels, elle constitue cependant

dant, une simple fiction à laquelle les faits, comme les régle-ments ne permettent pas de s'arrêter dans la pratique. La situation d'un exercice ne reste nullement indépendante de celle des exercices antérieurs ; par le budget supplémentaire, l'exercice en cours recueille l'héritage de ses devanciers, profite de leur actif, et doit prévoir, par contre, à leurs dettes ; il n'est pas admis comme le comporterait la distinction dont on vient de parler, à invoquer la réserve du bénéfice d'inventaire lorsqu'il recueille la succession si onéreuse qu'elle apparaisse. EN RÉALITÉ L'EXERCICE 1901 A ACQUITÉ SUR LES RESSOURCES AFFECTÉES A SES DÉPENSES PROPRES UNE GRANDE PARTIE DU DÉFICIT DONT IL ASSUME LA CHARGE TOTALE DEPUIS L'APPROBATION DU BUDGET SUPPLÉMENTAIRE ; IL N'A PU SATISFAIRE LES CRÉANCIERS DES EXERCICES ANTÉRIEURS QU'EN RETARDANT LE PAIEMENT DE SES PROPRES DETTES ET EN DÉTRUISANT SON PROPRE ÉQUILIBRE. A l'heure actuelle, l'exercice 1901 porte une prévision de recettes totale de 1.927.981 98, pour une autorisation de dépenses s'élevant à 2.210.525 72 ; soit un déficit net de 282.543 74, dont 125.000 francs seulement, correspondent à un prélèvement sur les fonds spéciaux.

« Il était nécessaire d'entrer dans ces explications pour faire CONNAITRE L'ORIGINE DES DIFFICULTÉS ÉPROUVÉES PAR LA VILLE DE CONSTANTINE DANS L'EXÉCUTION D'UN BUDGET SINCÈREMENT RÉGLÉ MAIS GREVÉ D'UN ARRIÉRÉ DONT L'IMPORTANCE DÉPASSE DE BEAUCOUP LES RESSOURCES CRÉÉES POUR Y FAIRE FACE.

« Nous allons indiquer dans quelles conditions s'est effectué jusqu'au jour de notre arrêté des écritures à la Recette municipale, la liquidation de cet arriéré. Nous examinerons ensuite sous quelles apparences se présente l'avenir.

« La situation définitive à la clôture de l'exercice 1900, établie dans notre précédent rapport, doit faire, à raison de diverses circonstances relevées par la nouvelle enquête, l'objet de rectifications qui sont indiquées dans l'état n° 1 ci-joint.

« *Aucune de ces rectifications n'a d'ailleurs pour origine un défaut de sincérité dans l'évaluation qu'avaient fourni sous mon contrôle, au mois d'avril dernier, les bureaux de la Mairie pour les recettes de chacun des articles du budget.*

« Le déficit, à la fin de l'exercice 1900, atteignait au total.. 454.276 70

« Et se décomposait de la façon suivante :

« Montant des prélèvements sur fonds spéciaux.	280.148 31
« Montant des avances....................	10.399 74
« Montant des restes à payer...............	177.689 »
Total............	468.237 05

« A déduire :

« Montant des restes à recouvrer réalisables ...	13.960 35
« Reste net pour le déficit au 31 Mars 1901....	454.276 70

« Le prélèvement sur fonds spéciaux au 31 Mars 1901 s'élevait, y compris les avances, à.....	290.548 05
« Il n'était plus au 14 Décembre que de........	106.719 33
« Soit un remboursement de	183.828 72

« Il a été en outre acquitté sur les crédits 1901 (Budget primitif et Budget supplémentaire) pour l'apurement des dettes antérieures à cet exercice une somme de.......................... 74.615 72

« Le passif ancien a donc été apuré (du 14 au 25 Décembre il a été payé une douzaine de mille francs sur l'arriéré) du 31 Mars 1901 au 31 Décembre 1901 à concurrence d'une somme de............ 258.444 44

« Les restes à payer au 31 Mars 1901 s'élevaient à..	177.689 »
« Il a été payé...........................	74.615 72
« Il reste à payer sur les exercices 1900 et antérieurs..	103.073 28

« Somme dont le détail par article est donné à l'état n° 2 ci-annexé.

« On remarquera sur cet état que l'Hôpital de Constantine figure à lui seul pour 50.290 69, parmi les créanciers impayés de la Ville. Cet établissement souffre dans une très forte mesure du retard apporté au paiement des dépenses municipales : sur un budget de recettes ne dépassant pas 230.000 fr. sa créance actuelle contre la Ville (y compris l'exercice courant), n'est pas moindre de 104.864 fr. Un pareille situation ne saurait se perpétuer sans préjudice grave pour sa situation financière.

« Nous avons vu que la Ville de Constantine avait, au 14 Décembre dernier, réduit son passif ancien d'une somme de.. 258.444 44

« Comme elle ne dispose à cet effet que de.. 182.365 31

« Elle a grevé l'exercice 1901 d'un déficit de 76.070 13
auquel il faut ajouter le montant approximatif
des restes à payer non réglés..... 103.073 28
sous déduction des restes à recouvrer réalisables.............. 13.960 35

89.112 93

plus le prélèvement à ce jour................. 106.719 33

271.911 39 (A)

« Telle paraît devoir être au 31 mars prochain, la part des exercices écoulés dans le déficit final de l'exercice 1901.

« Il conviendrait pour compléter cette situation, de rechercher à quels résultats aboutiront les opérations propres à l'exercice 1901. Malheureusement s'il est, à pareille époque de l'année, relativement facile de calculer le rendement probable de la plupart des produits communaux, il faut, au contraire considérer comme à peu près impossible de donner des indications présentant un caractère de certitude et même d'approximation quelconque en ce qui concerne les dépassements : on ne possède encore, en effet, pour l'année 1901, qu'un nombre fort restreint de mémoires d'entrepreneurs ou de fournisseurs, la liquidation des dépenses variables constitue d'ailleurs une opération longue et délicate en vue de laquelle les chefs des services municipaux et les bureaux de la Mairie jouissent de la période complémentaire de 2 mois 1/2 à partir du premier Janvier. Il est permis de supposer que dans l'ensemble la limite des crédits se trouvera probablement respectée; nous admettons pour bonne cette hypothèse.

« Mais, nous avons à constater que la municipalité **comme la Préfecture,** n'ont pas su abandonner dans le cours de l'exercice 1901 certains des errements auxquels la ville de Constantine doit sa déplorable situation financière. **Sans doute, le**

(A) Contrôle. — Montant du déficit à la fin de l'exercice 1900......... 454.276 70
Ressources destinées à y pourvoir en 1901.............................. 182.365 31

Resté à la charge de 1902... 271.911 39

**budget primitif a fait l'objet d'un examen incontes-
tablement sérieux et à été réglé dans des conditions
d'absolue sincérité;** ce même souci ne se retrouve plus par
contre, à aucun degré, lors de la discussion ou de l'approbation
des crédits supplémentaires de toutes sortes, qu'ils figurent au
budget additionnel ou qu'ils soient alloués par décisions spéciales,
si facultative qu'apparaîssela dépense, on ne s'inquiète point de
la recette destinée à y pourvoir. Ainsi se rétablissent successivement des articles que la nécessité financière avait fait tout
d'abord rejeter et c'en est fait de l'équilibre laborieusement
ménagé.

« L'état n° 3, ci-joint, donne la comparaison des recettes
nouvelles de 1901 avec les dépenses votées en cours d'année;
celles-ci dépassent celles-là de 32,219 fr 58, somme dont s'ac-
croitra le déficit déjà inévitable de l'exercice 1901.

« Quant aux recettes, elles ne seront pas non plus exemptes
de quelques mécomptes ; les plus importants paraissent devoir
provenir de la moins value de l'octroi de mer par rapport aux
évaluations fixées par l'Administration supérieure et surtout de
l'affermage des droits sur les marchés des grains, peaux et
laines ; cet affermage conclu pour une somme correspondant à
l'évaluation qui figure au budget, déduction faite des frais de
régie, mais au début de la période des forts rendements,
a fait perdre, à l'exercice 1901, une somme que l'on peut évaluer
exactement à 18,197 francs. La faculté de mettre fin au marché
dès le mois d'août prochain, appartient aux deux parties, et il
se peut qu'une résiliation vienne permettre de compenser la
perte subie, mais cette résiliation ne paraît devoir être attendue
que de la part de la société fermière, et seulement, au cas d'une
nouvelle et sensible baisse des produits ; elle n'apporterait,
d'ailleurs, pas remède avant près d'une année au préjudice que
subit incontestablement l'exercice en cours.

« Les mécomptes nets sur les articles de 1900 s'élèveront en
totalité à environ 21,547 francs (état n° 4 ci-joint).

« Si au déficit provenant du règlement des exercices antérieurs... 271,011 39
on ajoute l'excédent des dépenses nouvelles sur
les recettes nouvelles en 1901...................... 32.219 58
et les mécomptes probables sur les recettes...... 21.547   »

On obtient une somme de...................... 325.677 97

qui représente le déficit total à la fin de l'exercice 1901,
déficit dont l'exercice 1902 aura à supporter la charge.

« Ce chiffre, ne doit être considéré que comme une simple
évaluation, l'enquête n'ayant pu, je le répète, porter d'une façon

utile sur les résultats probables de l'emploi des crédits de 1901 et la situation établie supposant que les annulations et les dépassements de crédits s'équilibrent exactement.

« Sous ces réserves **NOUS ÉVALUERIONS DONC A 325.000 FRANCS EN CHIFFRES RONDS LE DÉFICIT QUI SERA CONSTATÉ A LA FIN DE L'EXERCICE 1901**, y compris le prélèvement sur fonds spéciaux; celui-ci, suivant lettre de M. le Préfet n° 10.759, en date du 13 septembre 1901, demeure autorisé à concurrence de 125.000 jusqu'au premier janvier 1903, à moins qu'il ne devienne indispensable de rendre la somme à son affectation primitive avant cette date.

« Le budget 1902 n'étant point encore réglé nous ne connaissons pas quel excédent réel résultera de sa balance définitive et viendra en atténuation du déficit.

« Cet excédent ne saurait dans tous les cas, descendre au-dessous de 175.000 francs, produit des 100 centimes additionnels dont l'imposition a été autorisée régulièrement pour 1902, par un décret du 8 août dernier; mais un examen sommaire du projet permet de penser qu'à moins de réduction sur les dépenses facultatives (et personne n'osera peut être s'y résoudre pour 1902), ce minimum de 175.000 francs ne se trouvera pas sensiblement dépassé. Les mêmes embarras dont on déplore depuis si longtemps la persistence, ne cesseront donc point en 1902 et se répercuteront après le remboursement des 125.000 francs de prélèvement, sur l'exercice 1903, lequel n'a été jusqu'à présent doté d'aucune ressource spéciale pour l'acquittement du passif dont il restera très certainement encore grevé.

« Faut-il espérer qu'avec l'exercice 1903 la Ville parvienne à reconquérir une situation financière normale au prix d'un dernier sacrifice ? Malheureusement la liquidation de l'arriéré ne sera pas seule à peser lourdement sur les finances municipales comme je l'ai déjà indiqué dans mon précédent rapport; l'échéance à laquelle la Société du Coudiat-Aty se trouvera en droit d'exiger le paiement intégral du forfait de 1.175.000 francs ne paraît plus guère éloignée car les travaux du dérasement sont, aujourd'hui, fort avancés. Or, la Ville ne dispose pour acquitter les 1.175.000 fr. que d'une somme totale de 800.000 fr. entamés à l'heure actuelle par le prélèvement. A supposer que la restitution de ce dernier puisse être effectué au 31 Décembre 1902, il appartiendra à la municipalité de se procurer la différence, soit 375.000 fr. pour désintéresser la Société sans parler des sommes nécessaires à l'aménagement du nouveau quartier.

« D'autre part les travaux de l'Hôtel de Ville, travaux payés à concurrence de 822.000 fr. sur les fonds d'emprunt, atteindront une importance beaucoup plus élevée. Si mon incompétence en matière d'architecture, ne me permet point de procéder à l'évaluation du supplément de crédit, sans lequel les travaux risquent de rester inachevés, je puis retenir de l'aveu qui résulte d'un rapport déposé par M. Morinaud au Conseil municipal le 30 Octobre 1901 : On doit compter sur une insuffisance de 250.000 fr.

« Après avoir péniblement liquidé un arriéré considérable, la Ville de Constantine rencontrera donc encore de nouveaux obstacles à l'amélioration de sa situation financière ; l'ère des difficultés reste pour longtemps ouverte, résultat inévitable d'une gestion constamment imprévoyante et de la conclusion téméraire d'engagements hors de propotion avec les forces contributives de la cité.

« Constantine, le 28 Décembre 1901.

L'Inspecteur des Finances,

Signé : SAUVALLE.

.*.

Mes Chers Collègues,

Maintenant que vous connaissez le rapport de M. l'Inspecteur des Finances, une observation s'impose : **Jamais, dans ce rapport, il n'a été question, ainsi qu'on l'a prétendu d'un déficit de 1.300.000 francs! C'est donc là une invention de toutes pièces.** Ce document, vous venez de le voir, conclut à un déficit **probable de 325.000 francs** à la clôture de l'exercice 1901. (*Nous verrons tout à l'heure, par le rapport de M. le Receveur municipal qu'à la clôture de l'exercice 1901 le déficit réel est non pas de 325.000 francs, mais de 285.771 99.*)

M. l'Inspecteur des Finances constate que la Commune se trouve en présence de deux graves affaires à liquider : Les travaux du Coudiat Aty et la construction de l'Hôtel de Ville, mais ces deux affaires n'ont rien de commun avec le déficit sur les ressources ordinaires de la Commune. D'autre part, elles ne peuvent et ne doivent en aucune façon être attribuées à la municipalité actuelle.

.*.

Il a bien fallu, en 1896, en raison de la situation laissée par la municipalité précédente qui, légua à ses successeurs les travaux du Coudiat arrêtés et un procès inévitable avec la Société, il a bien fallu, dis-je, reprendre ces travaux du Coudiat et faire un nouveau contrat afin d'éviter ce procès. Le montant de la subvention fut évalué par contrat à 1.175 000 francs. La Commune disposait à ce moment d'une somme de 800.000 francs. Dans le but d'éviter le paiement d'intérêts onéreux, il n'a pas paru urgent alors d'emprunter celle de 375.000 francs nécessaire, suivant les termes du contrat, pour parfaire les paiements des travaux, pas d'avantage les sommes indispensables pour la viabilité du Coudiat et la construction du Pont sur le Rhumel (part de la Commune).

Quant à la somme de 250.000 francs nécessaire pour l'achèvement des travaux du nouvel Hôtel de Ville n'est t-il pas aussi **la conséquence de l'imprévoyance des devanciers de la municipalité de 1896, qui ont omis de comprendre dans le devis l'ameublement, l'ornementation, l'installation du gaz, l'horloge, etc?**

Voici copie à ce sujet, d'une note qui m'a été adressée à la date du 28 février dernier par M. Arbuix, architecte de l'Hôtel de Ville :

« J'ai déclaré à feu M. Casanova, Maire de Constantine, et avant que le projet de l'Hôtel-de-Ville fut complètement terminé, que d'après mes prévisions et mon devis estimatif non encore terminé, la construction de l'Hôtel-de-Ville, non compris la décoration intérieure et l'ameublement, s'élèverait à la somme de plus de 1.200.000 francs.

« Sans rien changer au programme très chargé, M. Casanova s'en tenant au chiffre déjà fixé, 900.000 francs, accorda seulement un supplément de 50.000 francs.

« J'ai donc dû, pour exécuter les ordres donnés, modifier les plans et diminuer le montant du devis estimatif.

« Le projet a été approuvé par M. le Préfet à la somme de 950.000 francs.

« Mais il n'a été inscrit au crédit de cette construction qu'une somme de 900.000 francs.

. . . .

D'AUTRE PART, LES DÉPENSES NÉCESSITÉES POUR L'AMEUBLEMENT, LA DÉCORATION, etc. etc., N'ÉTAIENT PAS COMPRISES DANS CETTE SOMME. CE SONT LES CRÉDITS NÉCESSAIRES A LES PAYER QUI NOUS MANQUENT AUJOURD'HUI; **NOUS N'Y SOMMES POUR RIEN.**

***

En résumé, la commune, pour terminer ces deux anciennes opérations de liquidation du Coudiat et de l'Hôtel-de-Ville doit trouver — **et elle les trouvera dans l'emprunt que nous avons voté** — les sommes suivantes :

1° Sommes nécessaires pour la liquidation de l'affaire du Coudiat-Aty :

Complément nécessaire pour faire face aux engagements pris par le contrat avec la Société....... 375.000 »

Exécution des travaux de voirie... 100.000 »

Construction d'un pont sur le Rhumel .... 100.000 »

575.000 »

2° Achèvement des travaux de construction du nouvel Hôtel-de-Ville..................... 250.000 »

825.000 »

Voilà, mes chers collègues, ce qu'on a appelé tantôt un déficit de 1,300,000 francs, et tantôt un déficit de 1 million. Notons qu'il ne s'agit là nullement du déficit de la commune qui est en voie de règlement, mais de la liquidation de grosses entreprises qui ne sont point le fait de la municipalité actuelle et qu'il n'a jamais été question de régler autrement que par un emprunt.

La somme de 825.000 francs est comprise dans le projet d'emprunt de 1,500 000 francs voté en principe et dont les projets sont actuellement à l'étude. Elle n'a aucun rapport, je le répète, avec le déficit constaté par M. l'Inspecteur des finances et qu'il a arrêté au chiffre de 325,000 francs et qui est, en réalité, de 285,721 fr. 99).

***

Les critiques formulées dans ce rapport rendent, d'ailleurs, justice aux efforts faits par la municipalité actuelle pour remédier à la situation difficile que traversent les finances de la Commune.

L'Inspecteur des finances déclare « que la municipalité s'applique à rétablir la sincérité du budget communal et à prendre des mesures en vue de l'apurement du passif. »

Et plus loin, ce fonctionnaire ne constate-t-il point que la somme de 182,365 fr. 31 formait pour la commune l'unique ressource pour parer à un déficit évalué dans la première pection à 456,834 fr. 02, et, quoique la somme de 175,000 fr. produit des 100 centimes additionnels, ne fut encaissée que par fraction, le Receveur municipal dut rembourser aux fonds spéciaux, sur l'ordre de M. le Préfet, un prélèvement de 175,000 francs, et opérer, en outre, de nombreux paiements sur les restes des exercices antérieurs, en particulier au Crédit Algérien dont la créance était comprise pour la plus grande partie, dans l'arriéré. »

Il ajoute :

« Comment s'étonner, dans de pareilles conditions, que la Ville de Constantine soit demeurée aux prises avec les embarras financiers ? »

Je relève, en outre, le passage suivant : ,

« La créance du Crédit Algérien était comprise, pour la plus grande partie, dans l'arrié.. aussi bien que celle de l'Hospice de Constantine, CONTRAIREMENT A CE QUE SUPPO-SAIT M LE PRÉFET DANS SA LETTRE A M. LE GOU-VERNEUR GÉNÉRAL. L'insuffisance de ressources n'a donc pas nui, autant qu'on pourrait le croire, à la liquidation du déficit. C'est que si la distinction indiquée dans la même lettre entre les opérations propres à l'exercice 1901 et celles relatives au règlement de l'arriéré, présente l'avantage de bien préciser l'origine des embarras actuels, elle constitue cependant une simple fiction à laquelle les faits ne permettent pas de s'arrêter dans la pratique.

Ce passage du rapport non seulement approuve *les opérations faites par la municipalité pendant l'année 1901*, mais, *il constate* en outre que *l'ADMINISTRATION SUPÉRIEURE SE TROMPAIT DANS SES CRITIQUES.*

IL RÉSULTE DONC, DE L'AVIS DE M. L'INSPECTEUR DES FINANCES, QUE LES EMBARRAS FINANCIERS QUE LA COMMUNE A ÉPROUVÉS PENDANT L'EXERCICE 1901, PRO-VIENNENT UNIQUEMENT DES EFFORTS FAITS POUR PAYER L'ARRIÉRÉ, ALORS MÊME QUE LE PRODUIT DE 100 CENTIMES EXTRAORDINAIRES N'ÉTAIT PAS ENTIÈRE-MENT ENCAISSÉ ET QU'IL N'ÉTAIT VERSÉ QUE PAR ACOMPTES DANS LA CAISSE MUNICIPALE.
NE DEVONS-NOUS PAS CONSIDÉRER CES APPRÉCIATIONS

COMME LE PLUS GRAND ÉLOGE QUI PUISSE ÊTRE ADRESSÉ A LA MUNICIPALITÉ ACTUELLE ET PEUT-ON, SI L'ON EST DE BONNE FOI, APRÈS DE TELLES CONSTATATIONS DE M. L'INSPECTEUR DES FINANCES, NOUS ACCUSER D'AUGMENTER LE DÉFICIT.

⁂

La seule critique de M. l'Inspecteur des finances qui semblerait être un reproche *à la fois pour la municipalité et pour l'administration préfectorale* est le suivant :

« ...... nous avons à constater, dit-il que la municipalité *comme la Préfecture*, n'ont pas su abandonner, dans le cours l'exercice 1901, certains des errements auxquels la Ville de Constantine doit sa déplorable situation financière. Sans doute le budget primitif a fait l'objet *d'un examen incontestablement sérieux et a été réglé dans des conditions d'absolue de sincérité.* Ce même souci ne se retrouve plus par contre à aucun degré lors de la discussion ou de l'approbation des crédits supplémentaires de toutes sortes qu'ils figurent au budget additionnel, ou qu'ils soient alloués par décision spéciale ; si facultative qu'apparaisse la dépense on ne s'inquiète point de la recette destinée à y pourvoir. Ainsi se rétablissent successivement des articles que la nécessité financière avait tout d'abord fait rejeter, et c'en est fait de l'équilibre laborieusement ménagé.

Nous avons, il est vrai, voté des ouvertures de crédit, *mais nous avions en vue des recettes très prochaines pour y faire face.*

En effet, nous nous étions occupés de faire rentrer dans la Caisse municipale les sommes dues à la Commune, afférentes à la gestion de M. Berge, Receveur municipal et dont le montant s'élevait en chiffres ronds, à 24.000 francs. Nous savions, en outre que des ventes de terrains allaient avoir lieu et rapporteraient à la Caisse municipale des sommes importantes.

Je me suis tout particulièrement occupé de l'affaire Berge et le *25 janvier dernier*, M. Renaud, premier président de la Cour des Comptes m'écrivait la lettre suivante :

Monsieur le Député ;

« L'arrêt provisoire sur la gestion du sieur Berge, en qualité de Receveur municipal de la commune de Constantine a été rendu par la Cour des Comptes au commencement de la semaine. Mais, ainsi que j'ai eu l'honneur de vous le faire connaître, par lettre du 14 janvier dernier, l'arrêt définitif de débet ne pourra intervenir que deux mois après l'arrêt provisoire.

Agréez, etc.

Signé : RENAUD.

Cette lettre est du 25 Janvier dernier.

C'est donc une affaire qui est à la veille d'être réglée.

Quant aux ventes de terrains, celle de la rue Nationale a donné tout dernièrement un produit de 38.000 francs, et celle de rue des Mouches qui va avoir lieu donnera 12.000 francs, au minimum. (Mise à prix qui sera certainement dépassée ou tout au moins couverte).

Ainsi donc quand nous avons ouvert des crédits supplémentaires, avec l'approbation de la haute administration, c'est que nous pensions avoir, et que nous avions, les recettes supplémentaires que je viens d'indiquer. La très légère critique de M. l'Inspecteur des Finances n'aurait certainement pas été faite s'il avait connu l'existence certaine de ces recettes supplémentaires.

M. Sauvalle a également à la fin de son rapport élevé quelques critiques au sujet de l'affaire de l'Hôtel de Ville, de celle du Coudiat et des charges qui en résulteront encore pour la Commune.

**

En ce qui concerne les critiques formulées sur la construction de l'Hôtel de Ville et la liquidation de l'affaire du Coudiat Aty, nous ne pouvons, comme je vous l'ai déjà démontré, en être responsables ; nous l'avons déjà dit et nous ne saurions trop le répéter.

Pour l'Hôtel de Ville les travaux ont été entrepris par d'autres que nous, avec un crédit de 900.000 francs, insuffisant puisqu'il ne prévoyait pas l'ameublement, la décoration, l'installation du gaz, l'horloge, etc.

Pour le Coudiat, il fallait à tout prix nous éviter un procès, reprendre le contrat avec la Société et ouvrir les chantiers, nous l'avons fait. Mais la Ville n'avait de disponible qu'une somme de 800.000 francs, il manque encore 375.000 francs que nous n'avons pas voulu emprunter à cette époque pour éviter des intérêts, ainsi que les fonds nécessaires à la construction du pont et à la viabilité.

Ces deux sommes sont comprises dans le projet d'emprunt de 1.500.000 fr., pour le gage duquel l'imposition actuelle de 100 centimes additionnels sera réduite à 42 centimes ; ces deux affaires n'augmentent donc en aucune façon le déficit pesant sur les ressources ordinaires de la Commune.

.*.

M. l'Inspecteur des Finances termine son rapport en ces termes :

« Après avoir péniblement liquidé un arriéré considérable la Ville de Constantine rencontrera donc encore de nouveaux obstacles à l'amélioration de sa situation financière ; l'ère des difficultés reste pour longtemps ouverte, résultat inévitable d'une gestion constamment imprévoyante et de la conclusion témé raire d'engagements hors de proportion avec les forces contributives de la Cité. »

C'est là une question d'appréciation. Nous ne sommes pas de l'avis de M. l'Inspecteur des finances, nous ne pensons pas comme lui, que les engagements pris soient hors de proportion avec les forces contributives de la Ville. Constantine pouvait et peut très bien supporter cette charge. Après la liquidation très prochaine du déficit, ainsi que je vous en entretiendrai tout à l'heure. les charges des contribuables seront encore inférieures, *avec le nouvel emprunt*, à celles des autres Villes d'Algérie, ainsi qu'il résulte du tableau suivant :

.*.

Comparaison entre les charges qui pèsent sur les populations d'Alger, Oran et Constantine (la ville de Constantine est beaucoup moins imposée).

VILLE D'ALGER :

Qantum de la taxe locative :

Loyers de 300 francs et au-dessous .... 5 %
    de 301 à 500 .... 6 —
    de 501 à 600 .... 7 —
    de 601 à 700 .... 8 —
    de 701 à 800 .... 9 —
    de 801 et au-dessus .... 10 —

Centimes à la contribution foncière 5 + 5 + 20 + 20 = 50 cent.

Taxe de balayage : 51.000 francs.

VILLE D'ORAN :

Quantum de la taxe des loyers :

Loyers de 120 francs et au-dessous, exonérés, sauf pour les logements occupés par des propriétaires ou des patentés qui paient.. 5 %
        de 121 à 360 francs...................... 6 —
        de 361 à 480........................ 8 —
        au dessus de 480...................... 10 —

Centimes à la contribution foncière ; 21 + 57 = 78 centimes.

Centimes aux patentes : 16 centimes.

Taxe de balayage : 87.000 francs.

VILLE DE CONSTANTINE :

Quantum de la taxe de loyers :

Loyer de 100 à 400 francs...................... 5 %
        de 401 à 600.......................... 6 —
        de 601 à 1.200........................ 8 —
        au-dessus de 1.200 .... 10 —

A noter qu'à Oran le 6 % frappe les loyers à partir de 121 fr., tandis qu'à Constantine nous n'avons cette taxe qu'à partir de 401 francs. A noter aussi qu'à Oran le 8 % frappe les loyers à partir de 361 francs, tandis qu'à Constantine le 8 % n'est prélevé qu'à partir de 601 francs. A noter, enfin que le 10 % est prélevé à Oran à partir de 480 francs et à Constantine à partir de 1.200 francs seulement.

D'autre part Alger et Oran sont imposés de la taxe de balayage, Constantine ne l'est pas.

Oran est imposé de 16 centimes aux patentes, les patentables de Constantine ne sont pas imposés par la Commune.

Quant aux centimes additionnels à la contribution foncière, Oran est imposé pour 78, alors qu'après la réalisation de l'emprunt de 1.500.000 francs, l'imposition de Constantine ne sera que de 42 + 17 = 59.

.*.

CONCLUSION sur ce point spécial du rapport de M. l'Inspecteur des finances.

Il est, à notre avis, inexact de prétendre que les entreprises du Coudiat et de l'Hôtel de Ville ont dépassé les forces contributives de la Cité. Tout ce que l'on peut dire c'est que :

1° Pour l'Hôtel de Ville les fonds prévus n'ont pas été suffisants (*ce qui n'est pas notre fait mais bien celui de la munici-palité de 1892 à 1896*).

2° Et que pour le Coudlat il manque une somme de 175.000 fr. laquelle ne pouvait pas raisonnablement être empruntée plus tôt. (*Somme qui sera, comme pour l'Hôtel de Ville, comprise dans l'emprunt*).

*

J'ai terminé les observations que j'avais à faire en réponse à celles de M. l'Inspecteur des Finances, *MAIS AVANT D'ALLER PLUS LOIN, JE TIENS A RENDRE HOMMAGE A L'ESPRIT D'IMPARTIALITÉ ET DE HAUTE JUS-TICE QUI L'A ANIMÉ DANS SON MÉTICULEUX EXAMEN DE LA SITUATION FINANCIÈRE DE LA CITÉ.*

Nous avons vu que cet examen est entièrement consacré au déficit. Voyons à propos de ce déficit un autre reproche qui nous a été fait. On nous a dit que nous avions annoncé à diverses reprises la liquidation de ce déficit. Nous en avons en effet payé la plus grande partie. En voici la preuve :

Depuis 1896 nous avons eu à constater pour chaque exercice des mécomptes sur les recettes de la halle aux grains et sur l'abattoir.

Les résultats constatés par les comptes sont les suivants :

1° Marché aux grains :

Exercices	Prévisions	Recettes effectuées	Diminutions sur le budget de 1896	Observations
1896	90.000	61 640 76	....	
1897	89.000	49.923 59	17.717 17	
1898	65.000	46.845 95	14.794 81	
1899	61.000	37.806 90	23.833 86	
1900	51.000	34.840 85	26.799 91	
Perte sur cinq années.....			83.145 75	

2° Abattoir :

Pour l'année 1900 l'abattoir, *en raison du changement de mode de perception ordonné par l'autorité supérieure,* a donné une diminution de... 13.754 34

3° Les divers emprunts, réalisés par l'ancienne municipalité ayant été contractés, sans être gagés par aucune imposition extraordinaire, ont grevé les ressources ordinaires de la Commune d'une somme annuelle de..................... 67.047 02

Comme suit :

1° Emprunt de 500.000 francs à la Caisse des dépôts et consignations pour le remboursement de l'emprunt de la Banque au taux de 4 %, non compris l'amortissement, pour 25 ans à partir du 1er juillet 1893..................... 31.823 22

2° Emprunt de 500.000 francs à 4 % à la Caisse des chemins vicinaux pour 30 ans à partir du 25 septembre 1889......................... 20.000 »

3° Emprunt supplémentaire de 60.000 francs à 4 % à la Caisse des chemins vicinaux, pour 30 ans à partir de 1893......................... 2.400 »

4° Emprunt de 466.250 francs à la caisse des retraites pour la vieillesse à raison de 4.10 % pendant 40 ans, pour la construction d'un Collège de jeunes filles......................... 23.812 68

5° Nouvel emprunt de 122.000 francs à la Caisse des retraites pour la vieillesse à raison de 4.10 % pendant 40 ans, pour le Collège de jeunes filles; Douze mensualités de 306.36..................... 3.676 32

81.712 22

Nous encaissons pour gager l'un de ces emprunts des centimes additionnels pour la somme de...... 14.065 20

Nous payons donc chaque année sur les *ressources ordinaires* de la Commune pour les annuités d'emprunts contractés sans être *gagés* par des ressources extraordinaires..................... 67.047 02

Tous ces emprunts ont été contractés par la municipalité de 1888 à 1896, sauf le dernier qui a été contracté par la municipalité de 1896 à 1900, mais pour la liquidation de l'entreprise du Collège des filles faite par la municipalité de 1892 à 1896. En réalité cet emprunt n'est que le complément de l'emprunt primitif).

municipalité de 1888 à 1896 a donc augmenté les charges ordinaires de la Commune de 67,047 02.

RÉCAPITULATION

1° Pertes sur le marché aux grains............ 83.115 75

2° Pertes sur l'abattoir...................... 13.754 34

3° Sommes payées sur les ressources ordinaires
de la Commune depuis 1896 pour le remboursement
des emprunts contractés par la municipalité précédente à raison de 67.647 02 par an, pendant 5 ans,
soit 67.647 02 × 5......................... 338.235 10

Total............. 435.135 19

Ajoutez à cette somme l'augmentation considérable des charges de l'hospitalisation qui peuvent être évaluées au bas mot
en 5 ans, à 150.000 francs.

Si des mesures économiques n'avaient pas été prises
dans le but d'éteindre le déficit constaté à l'arrivée
de la municipalité de 1896, ce déficit aurait dû s'augmenter en cinq années de 435.133 19. Il s'élèverait
maintenant à 435.135 19, plus le montant du déficit
laissé par la municipalité de 1892-1896, soit en chiffres
ronds à 900.000 francs.

Or, le déficit constaté au budget de 1900 était de 427.000 fr.
donc la différence a été payée, soit 473.000 francs, somme supérieure au déficit laissé par la municipalité de 1892-1896.

D'où il résulte que l'on a eu parfaitement raison de dire que
la plus grande partie de l'ancien déficit avait été payé. Malheureusement il s'est reconstitué pour les causes ci-dessus (diminution de recettes et augmentation de dépenses, affaires dans
lesquelles les municipalités de 1896 à nos jours ne sont pour
rien)!

.·.

SITUATION ACTUELLE

Le moment est venu de nous demander quelle est
la situation à la clôture de l'exercice 1901, au point de vue

A la date du 15 mars 1902, j'ai écrit à M. le Receveur municipal la lettre suivante :

« Monsieur le Receveur municipal,

« Je vous serais reconnaissant de vouloir bien m'adresser un rapport détaillé et circonstancié sur la situation financière de la Commune à la clôture de l'exercice 1901, soit au 31 mars 1902. »

.·.

RAPPORT DU RECEVEUR MUNICIPAL

Dès le 1ᵉʳ avril, M. Pargeat m'a adressé le rapport suivant :

Monsieur le Maire,

En réponse à votre lettre du 15 mars n° 1.419, j'ai l'honneur de vous donner ci-après la situation financière de la Commune de Constantine établie à la clôture de l'exercice 1901, c'est-à-dire au 31 Mars 1902.

Les recettes de l'exercice se sont élevées à... 1,824.851 00

Les dépenses de l'exercice se sont élevées à.. 1,561.623 49

Soit un excédent de recettes de 263.227 66

Les fonds spéciaux qui devaient se trouver en Caisse au 31 Mars 1902, s'élèvent à........ 372.576 34

Il en résulte que le prélèvement opéré sur ces fonds pour payer les dépenses ordinaires se chiffre par.............. 109.948 68

(Le prélèvement autorisé par M. le Préfet était de 125.000 fr.)

A cette somme qui forme la première partie du passif de la Commune, il convient d'ajouter :

1° Les restes à payer dressés par les bureaux compétents de la Mairie suivant état ci-joint et dont le total s'élève à.............. 111.500 42

Les sommes dues pour l'hospitalisation :

A reporter...... 220.849 10

Report......... 220.849 10

1° à l'Hôpital de Constantine suivant état ci-joint établi par le Receveur de l'Hôpital de Constantine..................... 67.632 49
2° aux autres hôpitaux............. 4.362 29
3° aux pharmaciens............... 2.675 08
4° prévisions pour dépenses im-prévues................... 5.000 »

79.670 76

3° Le règlement de l'affaire Chioléro, (droits d'abatage) environ.......................... 6.500 »

Total............ 307.019 86

De cette somme il convient de déduire les restes à recouvrer à la clôture de l'exercice 1901, dont le recouvrement est assuré :

Ces restes s'élèvent, d'après les comptes de gestion à..................... 76.417 36

Mais il faut en défalquer :

1° Les sommes mises à la charge de M. Berge, qui ne pourront figurer dans l'actif de la Com-mune qu'après qu'un arrêt de débet aura été pris par la Cour des Comptes 23.074 46

2° Le produit des taxes d'égout dont le recou-vrement est subordonné à la décision que pren-dra le Conseil de Pré-fecture, à la suite des oppositions formées par les propriétaires 761 43

3° Les restes à re-couvrer sur fonds spé-ciaux 10.383 60

4° Les non-valeurs sur les restes de l'exer-cice 1901 et estimés à environ .... 20.000 »

55.119 49

Reste à déduire................ 21.297 87

Le passif de la Commune s'élève donc, à la clôture de l'exercice 1901, à................. 285.721 99

A la clôture de l'exercice 1900, ce passif avait été arrêté par M. le Préfet à la somme de 464.009 05

Mais l'enquête de l'Inspecteur des Finances a relevé qu'une somme de 15.548 50 pour remboursement d'emprunts avait été annulée à tort à la clôture de l'exercice 1896 et qu'il y avait lieu de la rétablir au Budget.

Une délibération ouvrant un crédit de 15.548 50 a été prise à cet effet par le Conseil municipal le 3 Mars 1902 et cette délibération a été approuvée le 13 du même mois 15.548 50

Le passif était donc de 480.457 55

Il est aujourd'hui de ...., 285.721 90

Il a donc été remboursé pendant l'exercice 1901 ....'.......... 194.735 56

Je vous prie d'agréer, M. le Maire, l'hommage de mon respectueux dévouement.

Le Receveur municipal,
Signé : FARGEAT.

Telle est la conclusion formelle de M. le Receveur Municipal, **IL A ÉTÉ PAYÉ EN 1901 194.735 56, ET IL RESTE A PAYER EN 1902, 285.721 90.**

Comment paiera-t-on ce déficit ?

Telle est la question que nous devons nous poser dès aujourd'ui.

On nous a reproché de ne pas avoir pris des mesures en vue de l'éteindre; c'est là une erreur complète. Nous pouvons répondre que le déficit à la fin de l'exercice 1902 aura complètement disparu.

En effet, nous avons pour arriver à ce résultat les éléments suivants :

1° Imposition extraordinaire de 100 centimes additionnels à la propriété bâtie en 1902,.......... 177.600 »

2° Désaffectation des sommes disponibles sur les fonds déposés au Trésor et destinés à payer une partie des frais d'hospitalisation dus à l'Hôpital Civil de Constantine.................. 45.000 »
(Délibération que nous avons demandée au Conseil municipal et qu'il a votée);

3° Liquidation de l'affaire Berge, qui est à la veille d'être réglée ainsi que je vous l'ai indiqué plus haut; en chiffres ronds.......... 24.000 »

A reporter............ 246.600 »

Report............ 246.000 .

4° Vente du terrain communal rue Nationale.
Affaire réglée.................... 38.000 »
A déduire les frais de reconstruction
de la Maïda, environ............ 5.000 »

33.000 »

5° Vente du terrain communal si-
tué rue des Mouches, qui va être
adjugé sous peu de jours et pour
lequel je crois devoir compter sur... 12.000 »
A déduire restant dû à M. Gaillard. 6.000 »

6.000 »

Total des ressources certaines qui nous servi-
ront à éteindre entièrement le déficit dans le cours
de l'année 1902 .... 285.000 »
Nous avons vu que d'après le rapport de M. le
Receveur municipal ce déficit à la fin de 1901 était
de 285.721 90
Déduisons de cette dette les ressources pour 1902
que nous venons d'énumérer, nous obtenons le
chiffre de............................. 285.600 »

Différence........... 121 90

Voilà donc quel sera le résultat obtenu grâce aux mesures prises par la municipalité actuelle, résultat qui est la preuve évidente d'une administration prudente et sage. A la clôture de l'exercice 1902, LE PASSIF DE LA COMMUNE AURA — à moins de surprises nouvelles, de déficit imprévu dans les recettes ou d'augmentation obligatoire dans les dépenses — COMPLÈTEMENT DISPARU.

Et alors, en admettant que notre emprunt soit approuvé dès le commencement de l'année 1903, il ne restera plus à la charge des contribuables que 42 centimes additionnels destinés à payer l'amortissement du nouvel emprunt de 1.500.000 francs au lieu de 100 centimes; soit une diminution d'environ 58 centimes dès l'année prochaine. Nous avions prévu 3 années de centimes additionnels, au chiffre de 100, pour payer le déficit ancien de la Commune et deux années auront suffi grâce aux mesures prises par la municipalité pour éteindre plus rapidement ce déficit.

Je dois vous signaler encore une économie nouvelle que nous réaliserons par le fait de la liquidation de l'affaire Garès, (Ecole des filles du Faubourg d'El-Kantara). Grâce à cette opération la Commune économisera tous les ans une location de 3.412 50

uisque nous parlons d'économie, vous avez pu voir dans la lettre de M. le Préfet qu'on nous invite énergiquement à en faire. Malheureusement quand nous en proposons, elles ne sont pas ratifiées; c'est ainsi que nous avons demandé à plusieurs reprises la suppression du poste d'Adjoint indigène dans le but de réaliser une économie de 1.800 francs par an. Malgré les votes émis par le Conseil municipal à ce sujet nous n'avons jamais pu obtenir satisfaction. Puisqu'il n'y a d'adjoint indigène ni à Alger ni à Oran, villes qui ont autant d'indigènes que Constantine, ce poste est ici d'une complète inutilité. Il serait à désirer que l'on nous seconde d'avantage en haut lieu dans la voie des économies, que l'on nous demande de pratiquer dans le budget et qu'on nous refuse quand nous les proposons.

CONCLUSION

Voilà, Messieurs quelle aura été notre œuvre. Grâce à une administration prudente nous serons arrivés, dans un temps relativement court, à éteindre un déficit considérable et à relever les finances de la Ville.

Je ne veux pas terminer cet exposé sans regretter, comme premier magistrat de la Cité, l'œuvre des personnes qui — dans un but électoral et pour satisfaire leurs sentiments haineux contre le parti qui représente les Français de ce pays, — annoncent avec grand bruit la ruine de Constantine.

Ces articles fabriqués de toutes pièces ne peuvent avoir pour résultat que d'éloigner de notre Ville les hommes, les capitaux et les entreprises qui pourraient y venir, de faire perdre aux propriétés une partie de leur valeur et aux commerçants toute l'étendue de leur crédit.

C'est l'œuvre de gens qui manquent de patriotisme local et qui veulent de parti pris, nuire aux intérêts de notre chère Cité, simplement parce qu'elle est administrée par les élus des Français, par des hommes qui ont leur presque unanime confiance!

Telle est la besogne des adversaires de la municipalité.

En face nous dressons les nombreuses créations d'utilité publique (entre autres la Bourse du Travail et le Mont de Piété) faites par ceux qui ont eu l'insigne honneur d'être appelés au pouvoir municipal par leurs concitoyens Français de ce pays.

Nous dressons aussi — ce n'est pas notre plus mince honneur, l'œuvre qui sera dans quelques jours, accomplie — cette œuvre plus modeste n'en aura pas moins son mérite. Elle aura consisté, en éteignant définitivement le déficit, à rétablir le crédit et relevé les finances de la Ville de Constantine, de cette vieille Cité que nous désirons de toute la force de notre Ame, voir grande, puissante, prospère, entre toutes les villes de notre belle Colonie !

Le Maire, Député,

E. MORINAUD.

Constantine. — Imp. Adm. J. MARLE et F. BIRON, rue Damrémont, 51

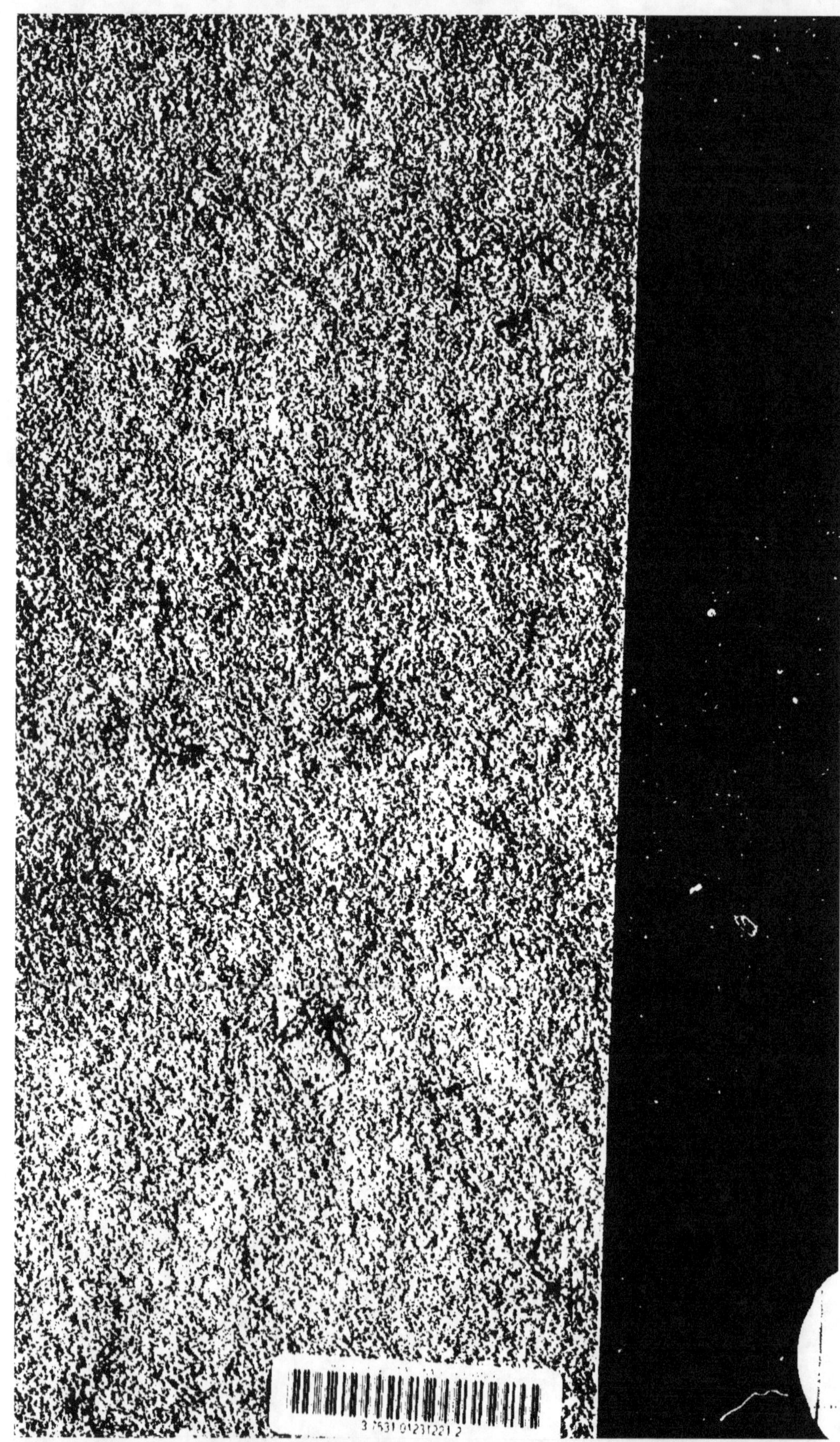